Я ЛЮБЛЮ СВОЮ МАТУСЮ
I LOVE MY MOM

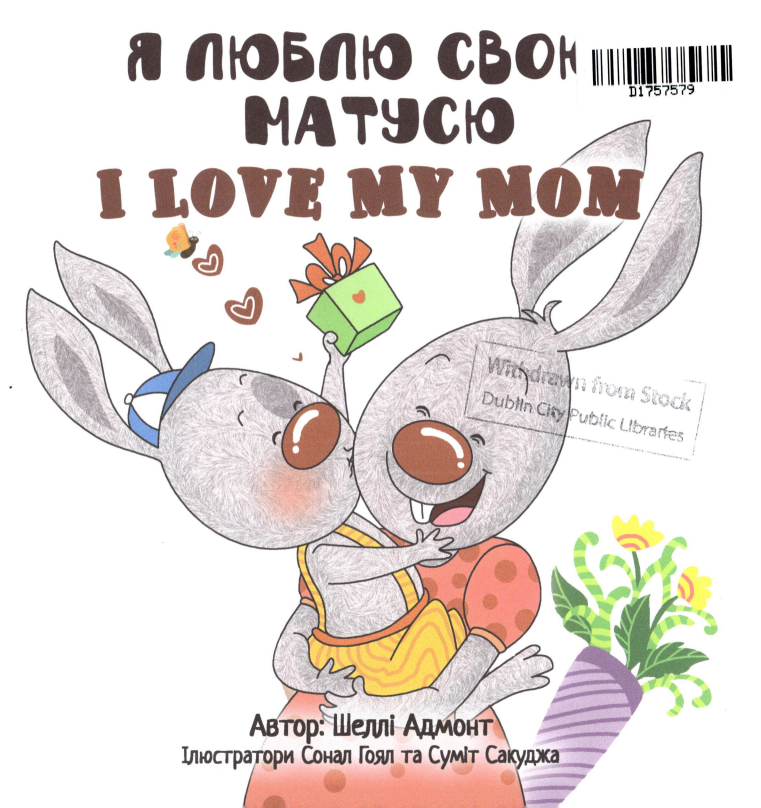

Автор: Шеллі Адмонт
Ілюстратори Сонал Гоял та Суміт Сакуджа

www.kidkiddos.com

Copyright©2014 by S.A.Publishing ©2017 by KidKiddos Books Ltd.

support@kidkiddos.com

Translated from English by Nataliia Tretyakova
Переклад з англійської мови Наталія Третякова

Library and Archives Canada Cataloguing in Publication
I Love My Mom (Ukrainian English Bilingual Edition)/ Shelley Admont
ISBN: 978-1-5259-3606-7 paperback
ISBN: 978-1-5259-3607-4 hardcover
ISBN: 978-1-77268-271-7 eBook

Please note that the Ukrainian and English versions of the story have been written to be as close as possible. However, in some cases they differ in order to accommodate nuances and fluidity of each language.

Тим, кого я люблю–S.A.
For those I love the most–S.A.

Завтра в мами день народження. Маленьке кроленятко Джиммі та два його старші братики шепотілися в своїй кімнаті.

Tomorrow was Mom's birthday. The little bunny Jimmy and his two older brothers were whispering in their room.

— Давайте подумаємо, — сказав найстарший з братів. — Подарунок для мами має бути дуже особливим.

"Let's think," said the oldest brother. "The present for Mom should be very special."

— Джиммі, у тебе завжди чудові ідеї, — підхопив середульший брат. — Що ти запропонуєш?

"Jimmy, you always have good ideas," added the middle brother. "What do you think?"

— Гм... — Джиммі глибоко замислився. Раптом він вигукнув:

— Я можу подарувати їй свою улюблену іграшку — мій поїзд! —Він дістав поїзд із коробки з іграшками й показав його братам.

"Ahm..." Jimmy started thinking hard. Suddenly he exclaimed, "I can give her my favorite toy — my train!" He took the train out of the toy box and showed it to his brothers.

— Я не думаю, що мамі потрібен поїзд, — сказав старший брат. — Слід вигадати щось інше. Щось, що їй насправді сподобається.

"I don't think Mom wants your train," said the oldest brother. "We need another idea. Something that she will really like."

— Ми можемо подарувати їй книгу, — радісно закричав середульший брат.

"We can give her a book," screamed the middle brother happily.

— Книга? Це найкращий подарунок для мами, — відповів старший брат. — Вона любить книги!

"A book? It's a perfect gift for Mom," replied the oldest brother.

— Так, ми можемо подарувати їй мою улюблену книгу, — сказав середульший брат, підходячи до книжкової полиці.

"Yes, we can give her my favorite book," said the middle brother as he approached the bookshelf.

— Але ж мама любить детективні історії, — сумно промовив Джиммі, — а це книга для дітей.

"But Mom likes mystery books," said Jimmy sadly, "and this book is for kids."

— Мабуть, ти правий, — погодився середульший брат. — То що ж нам робити?

"I guess you're right," agreed his middle brother. "What should we do?"

Три братики-кролики сиділи мовчки, думали, і врешті-решт старший брат сказав:

The three bunny brothers were sitting and thinking quietly, until the oldest brother finally said,

— Мені лише одне спадає на думку. Зробімо щось своїми руками, наприклад, листівку.

"There is only one thing that I can think of. Something that we can do by ourselves, like a card."

— Ми можемо намалювати мільйони мільйонів сердечок, — сказав середульший брат.

"We can draw millions of millions of hearts and kisses," said the middle brother.

— І сказати мамі, як ми її любимо, — додав старший брат.

"And tell Mom how much we love her," added the oldest brother.

З радісним хвилюванням вони взялися до роботи.

They all became very excited and started to work.

Троє кроленяток працювали дуже старанно. Вони вирізали й клеїли, згинали та фарбували.

Three bunnies worked very hard. They cut and glued, folded and painted.

Джиммі разом із середульшим братом малювали сердечка та поцілунки. А коли закінчили — додали ще більше сердечок і ще більше поцілунків.

Jimmy and his middle brother drew hearts and kisses. When they finished, they added more hearts and even more kisses.

Потім старший брат написав великими літерами:
Then the oldest brother wrote in large letters:

«З днем народження, матусю! Ми дуууууууже тебе любимо. Твої дітки».

"Happy birthday, Mommy! We love you soooooooo much. Your kids."

Нарешті листівка була готова. Джиммі всміхнувся.

Finally, the card was ready. Jimmy smiled.

— Я впевнений, що мамі сподобається, — сказав він, витираючи брудні руки об штанці.

"I'm sure Mom will like it," he said, wiping his dirty hands on his pants.

— Джиммі, що ж ти робиш? — вигукнув старший брат. — Хіба ти не бачиш, що в тебе руки брудні від фарби та клею?

"Jimmy," screamed the oldest brother. "Don't you see your hands are covered in paint and glue?"

— Ой, ой… — сказав Джиммі. — А я й не помітив. От халепа!

"Oh, oh…" said Jimmy. "I didn't notice. Sorry!"

— Тепер мамі доведеться прати у свій власний день народження, — додав старший брат, суворо дивлячись на Джиммі.

"Now Mom has to do laundry on her own birthday," added the oldest brother, looking at Jimmy strictly.

— Ні в якому разі! Я не допущу такого! — вигукнув Джиммі. — Я сам відперу свої штанці.

"No way! I won't let this happen!" exclaimed Jimmy. "I'll wash my pants myself."

Разом вони відіпрали всю фарбу та клей зі штанців Джиммі й повісили їх сушитися.

Together they washed all the paint and glue from Jimmy's pants and hung them to dry.

Повертаючись до своєї кімнати, Джиммі мигцем зазирнув до вітальні та побачив там маму.

On the way back to their room, Jimmy gave a quick glance into living room and saw their Mom there.

— Дивіться, мама спить на канапі, — прошепотів Джиммі своїм братам.

"Look, Mom is sleeping on the couch," whispered Jimmy to his brothers.

— Я принесу свою ковдру, — сказав старший брат і помчав до їхньої кімнати.

"I'll bring my blanket," said the older brother who ran back to their room.

Джиммі стояв і дивився, як мама спить. У цю мить він зрозумів, що ж стане для неї найкращим подарунком. Він усміхнувся.

Jimmy was standing and looking at his Mom sleeping. In that moment he realized what the perfect gift for their Mom should be. He smiled.

— Я придумав! — сказав Джиммі, коли старший брат повернувся з ковдрою.

"I have an idea!" said Jimmy when the oldest brother came back with the blanket.

Він щось зашепотів до своїх братиків, і всі троє кроленяток закивали головами, широко усміхаючись.

He whispered something to his brothers and all three bunnies nodded their heads, smiling widely.

Вони тихенько підійшли до канапи та вкрили маму ковдрою.

Quietly they approached the couch and covered their Mom with the blanket.

По черзі вони ласкаво поцілували її, шепочучи: «Ми любимо тебе, матусю». Мама розплющила очі.

Each of them kissed her gently and whispered, "We love you, Mommy." Mom opened her eyes.

— О, я вас також люблю, — сказала вона, усміхаючись і обіймаючи своїх синочків.

"Oh, I love you too," she said, smiling and hugging her sons.

Наступного ранку три братики-кролики прокинулися вдосвіта, щоб підготувати сюрприз для мами.

The next morning, the three bunny brothers woke up very early to prepare their surprise present for Mom.

Вони почистили зуби, старанно застелили свої ліжечка й поскладали всі іграшки на місця.

They brushed their teeth, made their beds perfectly and checked that all the toys were in place.

Потім поквапилися до вітальні, щоб витерти пил і помити підлогу.

After that, they headed to the living room to clean the dust and wash the floor.

І нарешті пішли на кухню.

Next, they came into the kitchen.

— Я приготую мамині улюблені тости з полуничним варенням, — сказав старший брат, — а ти, Джиммі, можеш зробити для неї апельсиновий сік.

"I'll prepare Mom's favorite toasts with strawberry jam," said the oldest brother, "and you, Jimmy, can make her fresh orange juice."

— Я принесу квітів із саду, — сказав середульший брат і вийшов за двері.

"I'll bring some flowers from the garden," said the middle brother who went out the door.

Коли сніданок був готовий, кроленятка помили весь посуд і прикрасили кухню квітами та повітряними кульками.

When breakfast was ready, the bunnies washed all the dishes and decorated the kitchen with flowers and balloons.

Радісні братики-кролики пішли до кімнати мами й тата, тримаючи листівку, квіти та щойно приготований сніданок.

The happy bunny brothers entered Mom and Dad's room holding the birthday card, the flowers and the fresh breakfast.

Мама сиділа на ліжку. Вона з усмішкою слухала, як її сини співають «З днем народження», заходячи в кімнату.

Mom was sitting on the bed. She smiled as she heard her sons singing "Happy Birthday," while they entered the room.

— Ми любимо тебе, мамо, — вигукнули вони в один голос.

"We love you, Mom," they screamed all together.

— Я теж вас усіх люблю, — сказала мама, цілуючи всіх своїх синочків. — Це найкращий день народження в моєму житті!

"I love you all too," said Mom, kissing all her sons. "It's my best birthday ever!"

— Ти ще не всі подарунки бачила, — Джиммі підморгнув своїм братам. — Поглянь ще на кухні та у вітальні!

"You haven't seen everything yet," said Jimmy with a wink to his brothers. "You should check the kitchen and the living room!"

Lightning Source UK Ltd.
Milton Keynes UK
UKHW050716260422
402026UK00005B/179

9 781525 936067